AF178386

Arbeitsblatt 1:
Vertrauen in das Team

		1=nein, 2=eher nein, 3=teils teils, 4=eher ja, 5=ja					
1.1	Ich habe persönliches Vertrauen in meine Kolleg*innen	☐ 1	☐ 2	☐ 3	☐ 4	☐ 5	
1.2	Die fachliche Zusammenarbeit im Team funktioniert gut	☐ 1	☐ 2	☐ 3	☐ 4	☐ 5	
1.3	Ich tausche häufig fachliche Informationen mit Kolleg*innen aus	☐ 1	☐ 2	☐ 3	☐ 4	☐ 5	
1.4	Ich fühle mich im Team gut aufgehoben	☐ 1	☐ 2	☐ 3	☐ 4	☐ 5	
		Summe der Zahlen in der rechten Spalte					

Die für Sie am besten passende Antwortmöglichkeit wird angekreuzt und der entsprechende Zahlenwert in die Spalte ganz rechts eingetragen. Die Punktzahlen der rechten Spalte werden zusammengezählt und ergeben dann einen Gesamtwert für Ihre Zustimmung zu den Aussagen, der zwischen 4 und 20 liegen kann, wenn alle Fragen beantwortet wurden.

Arbeitsblatt 3:
Reaktion auf unerwünschtes Verhalten von Kindern

Wenn ein Kind unerwünschtes Verhalten zeigt (z.B. aggressiv ist, anderen Kindern Spielzeug wegnimmt, trödelt, beim Essen manscht, uneinsichtig ist, …) dann kann es Ihrer Meinung nach vorkommen, dass …

1=stimme überhaupt nicht zu, 2=stimme eher nicht zu, 3=stimme teilweise zu, 4=stimme eher zu, 5=stimme stark zu

		1	2	3	4	5	
3.1	… dieses Kind auch mal lächerlich gemacht wird	☐ 1	☐ 2	☐ 3	☐ 4	☐ 5	
3.2	… dieses Kind zeitweise vom gemeinsamen Tun ausgeschlossen wird	☐ 1	☐ 2	☐ 3	☐ 4	☐ 5	
3.3	… dieses Kind fest angefasst oder am Arm gezogen wird	☐ 1	☐ 2	☐ 3	☐ 4	☐ 5	
3.4	… körperliche Berührungen gegen den Willen des Kindes stattfinden, auch wenn keine Gefahrenabwehr notwendig ist	☐ 1	☐ 2	☐ 3	☐ 4	☐ 5	
3.5	… dieses Kind nach einem Konflikt im weiteren Tagesverlauf nicht mehr beachtet wird	☐ 1	☐ 2	☐ 3	☐ 4	☐ 5	
3.6	… auf dieses Kind bei wiederholtem Fehlverhalten Druck ausgeübt wird, der auf Verhaltensänderung zielt	☐ 1	☐ 2	☐ 3	☐ 4	☐ 5	
3.7	… diesem Kind bei wiederholtem Fehlverhalten Strafen angedroht werden	☐ 1	☐ 2	☐ 3	☐ 4	☐ 5	
	Summe der Zahlen in der rechten Spalte						

Es geht bei der Beantwortung der Fragen um eine möglichst sachlich-nüchterne Beurteilung der eigenen Haltungen zu den angesprochenen Reaktionen. Auch wenn Sie den genannten Reaktionen aus fachlichen Gründen kritisch gegenüberstehen, werden wohl die meisten Menschen solche Handlungsimpulse kennen. Es geht also darum, diesen Sachverhalt ggf. bewusst zur Kenntnis zu nehmen und nicht durch Abwehrhaltungen unsichtbar zu machen.

Die Punktzahlen werden am Ende zusammengezählt und ergeben dann einen Zustimmungswert, der zwischen 7 und 35 variieren kann. Auch in diesem Fall wird nur die Gesamtpunktzahl in den Auswertungsbogen eingetragen und mit dem Zielwert verglichen. Wenn erreichte Punktzahl und Zielwert vielleicht auch weit auseinanderliegen: Als erste Bestandsaufnahme ist das vollkommen in Ordnung.

Arbeitsblatt 8-A:
Fragen zu Erkrankungen des Kindes

Name des Kindes	
Kitajahr	

Bitte immer ausfüllen, wenn das Kind wegen einer Erkrankung die Kita nicht besuchen kann

Kein Kitabesuch (Datum):			
von	bis	Anzahl der Fehltage wegen Erkrankung	Davon Atemwegs-erkrankung
Gesamtsumme der Fehltage wegen einer Erkrankung			

Hans-Joachim Laewen/Beate Andres, Gut aufgehoben in der Kita: Arbeitsbögen zur Sicherung der pädagogischen Qualität, © Verlag Herder GmbH

Arbeitsblatt 1:
Vertrauen in das Team

1=nein, 2=eher nein, 3=teils teils, 4=eher ja, 5=ja

1.1	Ich habe persönliches Vertrauen in meine Kolleg*innen	☐ 1	☐ 2	☐ 3	☐ 4	☐ 5	
1.2	Die fachliche Zusammenarbeit im Team funktioniert gut	☐ 1	☐ 2	☐ 3	☐ 4	☐ 5	
1.3	Ich tausche häufig fachliche Informationen mit Kolleg*innen aus	☐ 1	☐ 2	☐ 3	☐ 4	☐ 5	
1.4	Ich fühle mich im Team gut aufgehoben	☐ 1	☐ 2	☐ 3	☐ 4	☐ 5	
		Summe der Zahlen in der rechten Spalte					

Die für Sie am besten passende Antwortmöglichkeit wird angekreuzt und der entsprechende Zahlenwert in die Spalte ganz rechts eingetragen. Die Punktzahlen der rechten Spalte werden zusammengezählt und ergeben dann einen Gesamtwert für Ihre Zustimmung zu den Aussagen, der zwischen 4 und 20 liegen kann, wenn alle Fragen beantwortet wurden.

Arbeitsblatt 2:
Kommunikation im Team

1=trifft zu, 0=trifft nicht zu

2.1	Räume und Flure werden für umfassende und vielfältig gestaltete Dokumentation der pädagogischen Arbeit mit den Kindern genutzt (z.B. kommentierte Fotoserien auf Wandpostern oder Tischflipcharts)	☐ 0	☐ 1	
2.2	Teamsitzungen mit pädagogischen Themen finden mindestens wöchentlich statt, in großen Einrichtungen auch in Teilteams	☐ 0	☐ 1	
2.3	Es existiert ein Info-System zu relevanten Informationen über die einzelnen Kinder, das von den Erzieherinnen untereinander wie auch für Gespräche mit Eltern genutzt wird (z.B. Hängeordner, Ablagefächer)	☐ 0	☐ 1	
2.4	Entwicklungsgespräche finden mindestens halbjährlich statt	☐ 0	☐ 1	
	Summe der Zahlen in der rechten Spalte			

In diesem Arbeitsblatt können die Fragen nur mit „trifft zu" oder „trifft nicht zu" beantwortet werden. Entsprechend können als Punktzahlen nur die 0 und die 1 vorkommen. Die angekreuzte Zahl wird in die rechte Spalte eingefügt. Die aufsummierten Werte können entsprechend zwischen 0 und 4 Punkten variieren.

In den Auswertungsbogen wird nur die erreichte Summe der Einzelbewertungen übertragen und mit dem Zielwert verglichen, da es nicht auf den Wert einer einzelnen Frage ankommt, sondern nur darauf, wie viele der Fragen mit „trifft zu" beantwortet werden konnten.

Arbeitsblatt 3:
Reaktion auf unerwünschtes Verhalten von Kindern

Wenn ein Kind unerwünschtes Verhalten zeigt (z.B. aggressiv ist, anderen Kindern Spielzeug wegnimmt, trödelt, beim Essen manscht, uneinsichtig ist, …) dann kann es Ihrer Meinung nach vorkommen, dass …

		1=stimme überhaupt nicht zu, 2=stimme eher nicht zu, 3=stimme teilweise zu, 4=stimme eher zu, 5=stimme stark zu					
3.1	… dieses Kind auch mal lächerlich gemacht wird	☐ 1	☐ 2	☐ 3	☐ 4	☐ 5	
3.2	… dieses Kind zeitweise vom gemeinsamen Tun ausgeschlossen wird	☐ 1	☐ 2	☐ 3	☐ 4	☐ 5	
3.3	… dieses Kind fest angefasst oder am Arm gezogen wird	☐ 1	☐ 2	☐ 3	☐ 4	☐ 5	
3.4	… körperliche Berührungen gegen den Willen des Kindes stattfinden, auch wenn keine Gefahrenabwehr notwendig ist	☐ 1	☐ 2	☐ 3	☐ 4	☐ 5	
3.5	… dieses Kind nach einem Konflikt im weiteren Tagesverlauf nicht mehr beachtet wird	☐ 1	☐ 2	☐ 3	☐ 4	☐ 5	
3.6	… auf dieses Kind bei wiederholtem Fehlverhalten Druck ausgeübt wird, der auf Verhaltensänderung zielt	☐ 1	☐ 2	☐ 3	☐ 4	☐ 5	
3.7	… diesem Kind bei wiederholtem Fehlverhalten Strafen angedroht werden	☐ 1	☐ 2	☐ 3	☐ 4	☐ 5	
		Summe der Zahlen in der rechten Spalte					

Es geht bei der Beantwortung der Fragen um eine möglichst sachlich-nüchterne Beurteilung der eigenen Haltungen zu den angesprochenen Reaktionen. Auch wenn Sie den genannten Reaktionen aus fachlichen Gründen kritisch gegenüberstehen, werden wohl die meisten Menschen solche Handlungsimpulse kennen. Es geht also darum, diesen Sachverhalt ggf. bewusst zur Kenntnis zu nehmen und nicht durch Abwehrhaltungen unsichtbar zu machen.

Die Punktzahlen werden am Ende zusammengezählt und ergeben dann einen Zustimmungswert, der zwischen 7 und 35 variieren kann. Auch in diesem Fall wird nur die Gesamtpunktzahl in den Auswertungsbogen eingetragen und mit dem Zielwert verglichen. Wenn erreichte Punktzahl und Zielwert vielleicht auch weit auseinanderliegen: Als erste Bestandsaufnahme ist das vollkommen in Ordnung.

Arbeitsblatt 4:
Vier Regeln für die gemeinsamen Mahlzeiten

1=stimme überhaupt nicht zu, 2=stimme eher nicht zu, 3=stimme teilweise zu, 4=stimme eher zu, 5=stimme stark zu

		1	2	3	4	5	
4.1	Die Kinder haben Einfluss auf das Essensangebot	☐ 1	☐ 2	☐ 3	☐ 4	☐ 5	
4.2	Die Kinder können wählen, was sie aus einem Angebot essen wollen	☐ 1	☐ 2	☐ 3	☐ 4	☐ 5	
4.3	Die Kinder können wählen, wieviel sie aus einem Angebot essen wollen	☐ 1	☐ 2	☐ 3	☐ 4	☐ 5	
						Summe der Zahlen in der rechten Spalte	
4.4	Gelegentlich ist ein wenig Druck nötig, damit Kinder genug essen	☐ 1	☐ 2	☐ 3	☐ 4	☐ 5	
						Zahl in der rechten Spalte	

Die Zustimmung zu den Aussagen 4.1 bis 4.3 wird zusammen ausgewertet und kann in der Gesamtsumme zwischen den Werten 3 und 15 schwanken. Getrennt davon wird die Antwort auf Frage 4.4 bewertet, die entsprechend nur Werte zwischen 1 und 5 annehmen kann.

Arbeitsblatt 5:
Verhältnis zur Mutter des Kindes

Name des Kindes	
Datum	

5.1	Gefällt mir das Erscheinungsbild, die Art, sich zu kleiden, das Auftreten, das Verhalten der Mutter des Kindes?	☐ 1 eher nein	☐ 2 nicht so	☐ 3 teils-teils	☐ 4 gut	☐ 5 sehr gut	
5.2	Hält sich die Mutter an getroffene Vereinbarungen?	☐ 1 nie	☐ 2 selten	☐ 3 manchmal	☐ 4 meistens	☐ 5 immer	
5.3	Habe ich den Eindruck, in Erziehungsfragen mit der Mutter überein zu stimmen?	☐ 1 nie	☐ 2 selten	☐ 3 manchmal	☐ 4 meistens	☐ 5 immer	
5.4	Irritiert mich das Verhalten der Mutter in der Bringe- oder Abholsituation?	☐ 1 immer	☐ 2 meistens	☐ 3 manchmal	☐ 4 selten	☐ 5 nie	
5.5	Wie hoch schätzt die Mutter nach meinem Gefühl meine Arbeit?	☐ 1 sehr gering	☐ 2 gering	☐ 3 teils-teils	☐ 4 hoch	☐ 5 sehr hoch	
5.6	Könnte ich mir vorstellen, mit der Mutter befreundet zu sein?	☐ 1 auf keinen Fall	☐ 2 eher nein	☐ 3 teils-teils	☐ 4 ja, gut	☐ 5 ja, sehr gut	
5.7	Verhält sich nach meinem Eindruck die Mutter gegenüber dem Kind angemessen?	☐ 1 nie	☐ 2 selten	☐ 3 manchmal	☐ 4 meistens	☐ 5 immer	
5.8	Ist meine persönliche Wertschätzung der Mutter hoch?	☐ 1 sehr gering	☐ 2 gering	☐ 3 teils-teils	☐ 4 hoch	☐ 5 sehr hoch	
					Summe der Zahlen in der rechten Spalte		

Arbeitsblatt 6:
Gute Atmosphäre in der Kita

1=trifft überhaupt nicht zu, 2=trifft eher nicht zu, 3=trifft teilweise zu, 4=trifft eher zu, 5=trifft voll und ganz zu

6.1	Die Mitarbeiter*innen sorgen für eine fröhliche und einnehmende Atmosphäre und interagieren mit den Kindern auf eine warme und freundliche Weise.	☐ 1	☐ 2	☐ 3	☐ 4	☐ 5
6.2	Die Mitarbeiter*innen leiten das Verhalten der Kinder auf eine positive Weise an.	☐ 1	☐ 2	☐ 3	☐ 4	☐ 5
6.3	Die Mitarbeiter*innen initiieren und unterhalten die Kommunikation mit den Kindern und ihre Kommunikation fördert Respekt und Fairness untereinander.	☐ 1	☐ 2	☐ 3	☐ 4	☐ 5
6.4	Die Mitarbeiter*innen respektieren die verschiedenen Fähigkeiten und die sozialen und kulturellen Hintergründe aller Kinder und kommen den individuellen Bedürfnissen jedes Kindes entgegen.	☐ 1	☐ 2	☐ 3	☐ 4	☐ 5
6.5	Die Mitarbeiter*innen behandeln die Kinder fair.	☐ 1	☐ 2	☐ 3	☐ 4	☐ 5
6.6	Die Mitarbeiter*innen und Familien gebrauchen eine effiziente verbale und schriftliche Kommunikation, um Informationen über einzelne Kinder und über die Einrichtung auszutauschen.	☐ 1	☐ 2	☐ 3	☐ 4	☐ 5
6.7	Planung und Vorgehen der Mitarbeiter*innen unterstützen die Kontinuität der Betreuung für jedes Kind.	☐ 1	☐ 2	☐ 3	☐ 4	☐ 5
				Summe der Zahlen in der rechten Spalte		

Arbeitsblatt 7:
Einschätzung der Fachkraft-Kind-Beziehung

Name des Kindes	
Datum	

1=trifft überhaupt nicht zu, 2=trifft eher nicht zu, 3=trifft teilweise zu, 4=trifft eher zu, 5=trifft voll und ganz zu

Konflikte						
7.1	Dieses Kind und ich scheinen immer Streit miteinander zu haben	☐ 1	☐ 2	☐ 3	☐ 4	☐ 5
7.2	Dieses Kind fühlt sich bei körperlicher Zuwendung oder Berührung durch mich nicht wohl	☐ 1	☐ 2	☐ 3	☐ 4	☐ 5
7.3	Dieses Kind wird leicht ärgerlich mit mir	☐ 1	☐ 2	☐ 3	☐ 4	☐ 5
7.4	Dieses Kind ist ungehalten oder widerständig, wenn ich es zur Ordnung rufe	☐ 1	☐ 2	☐ 3	☐ 4	☐ 5
7.5	Mit diesem Kind umzugehen raubt mir meine Kraft	☐ 1	☐ 2	☐ 3	☐ 4	☐ 5
7.6	Wenn dieses Kind in schlechter Stimmung ist, dann weiß ich, dass wir einen langen und schweren Tag vor uns haben	☐ 1	☐ 2	☐ 3	☐ 4	☐ 5
7.7	Die Gefühle dieses Kindes mir gegenüber können unvorhersehbar sein oder plötzlich wechseln	☐ 1	☐ 2	☐ 3	☐ 4	☐ 5
7.8	Dieses Kind geht hinterhältig oder manipulativ mit mir um	☐ 1	☐ 2	☐ 3	☐ 4	☐ 5
				Summe der Zahlen in der rechten Spalte		

1=trifft überhaupt nicht zu, 2=trifft eher nicht zu, 3=trifft teilweise zu, 4=trifft eher zu, 5=trifft voll und ganz zu

Nähe						
7.9 Mich verbindet eine liebevolle, warme Beziehung mit diesem Kind	☐ 1	☐ 2	☐ 3	☐ 4	☐ 5	
7.10 Wenn das Kind durcheinander ist, sucht es Trost bei mir	☐ 1	☐ 2	☐ 3	☐ 4	☐ 5	
7.11 Dieses Kind schätzt seine Beziehung zu mir	☐ 1	☐ 2	☐ 3	☐ 4	☐ 5	
7.12 Wenn ich dieses Kind lobe, strahlt es vor Stolz	☐ 1	☐ 2	☐ 3	☐ 4	☐ 5	
7.13 Dieses Kind teilt spontan Informationen über sich selbst mit mir	☐ 1	☐ 2	☐ 3	☐ 4	☐ 5	
7.14 Ich kann mich leicht einfühlen in das, was das Kind empfindet	☐ 1	☐ 2	☐ 3	☐ 4	☐ 5	
7.15 Dieses Kind teilt offen seine Gefühle oder Erlebnisse mit mir	☐ 1	☐ 2	☐ 3	☐ 4	☐ 5	
				Summe der Zahlen in der rechten Spalte		

Arbeitsblatt 8-A:
Fragen zu Erkrankungen des Kindes

Name des Kindes	
Kitajahr	

Bitte immer ausfüllen, wenn das Kind wegen einer Erkrankung die Kita nicht besuchen kann

Kein Kitabesuch (Datum):			
von	bis	Anzahl der Fehltage wegen Erkrankung	Davon Atemwegs-erkrankung
Gesamtsumme der Fehltage wegen einer Erkrankung			

Arbeitsblatt 8-B:
Fragen zum Befinden des Kindes

Name des Kindes	
Datum	

Teil B					
		1=nie, 2=selten, 3=manchmal, 4=häufig			
8.1	Hat das Kind in den letzten drei Tagen ohne erkennbaren Anlass geweint, gejammert oder ohne Tränen geschluchzt?	☐ 1	☐ 2	☐ 3	☐ 4
8.2	Hat es in den letzten drei Tagen – ggf. auch leise – nach Mama oder Papa oder einer anderen vertrauten Person aus der Familie gerufen?	☐ 1	☐ 2	☐ 3	☐ 4
8.3	Hat das Kind in den letzten drei Tagen ein Übergangsobjekt bei sich am Körper getragen? (Kuscheldecke, Puppe, Teddy, anderes Objekt von zu Hause)	☐ 1	☐ 2	☐ 3	☐ 4
8.4	Hat sich das Kind in den letzten drei Tagen ziellos in seiner Umgebung bewegt?	☐ 1	☐ 2	☐ 3	☐ 4
8.5	Hat das Kind – ggf. nur für einige Sekunden – in den letzten drei Tagen stereotype Bewegungsmuster oder Körperhaltungen gezeigt? (Schaukeln mit dem Oberkörper, anlasslose Kopfbewegungen, erstarrte Körperhaltung, erstarrter Gesichtsausdruck, embryonale Körperhaltung, etc.)	☐ 1	☐ 2	☐ 3	☐ 4
8.6	Hat sich das Kind in den letzten drei Tagen zurückgezogen verhalten oder eine stille Traurigkeit gezeigt?	☐ 1	☐ 2	☐ 3	☐ 4
8.7	Hat das Kind in den letzten drei Tagen auf andere Weise zu erkennen gegeben, dass es sich unglücklich fühlt?	☐ 1	☐ 2	☐ 3	☐ 4
8.8	Hat sich das Kind in den letzten drei Tagen ohne erkennbaren Anlass aggressiv gegen andere Kinder verhalten? (Schubsen, schlagen, an den Haaren ziehen, Spielzeug wegnehmen, Spiel zerstören, anschreien, etc.)	☐ 1	☐ 2	☐ 3	☐ 4
	Summe der Zahlen in der rechten Spalte				

Arbeitsblatt 8-C:
Fragen zum Befinden des Kindes

Name des Kindes	
Datum	

Teil C					
8.9	Wirkte das Kind in den letzten drei Tagen aktiv und aufgeschlossen?	☐ 1 ☐ 2 ☐ 3 ☐ 4			
8.10	Ist das Kind in den letzten drei Tagen auf andere Kinder zugegangen oder hat es auf Kontakte von anderen Kindern positiv reagiert?	☐ 1 ☐ 2 ☐ 3 ☐ 4			
		Summe der Zahlen in der rechten Spalte			

Arbeitsblatt 9:
Bezugspersonen des Kindes in der Kita

Name des Kindes	
Datum	

Präferenz 1

Vor- und Nachname der pädagogischen Fachkraft

Präferenz 2

Vor- und Nachname der pädagogischen Fachkraft

Präferenz 3

Vor- und Nachname der pädagogischen Fachkraft

Sonstige

Vor- und Nachname der pädagogischen Fachkraft